總編輯／陳雨嵐　　文字責編／戴淳雅　　美術責編／邱靖婷

大自然的心聲

詩作 林煥彰
繪圖 林純純

作者簡介

林煥彰，一九三九年生，宜蘭人。喜歡寫詩、畫畫。近年開始提倡「玩文字，玩心情，玩寫詩，玩創意」；四處講學，自詡為「周遊列國」。二〇〇六年七月和泰華詩友在曼谷設立「小詩磨坊」，探討小詩寫作。已出版著作九十餘種，並有作品編入兩岸四地及新加坡小學語文教材。部分作品被譯為英、日、泰、韓等十餘種外文，並已出版中、英、韓、泰文對照版詩集和圖畫書。曾任中華民國兒童文學學會與海峽兩岸兒童文學研究會理事長，亞洲兒童文學學會臺北分會會長、聯合報系北美及泰印《世界日報》副刊主編；現任《兒童文學家》、《乾坤詩刊》發行人兼總編輯、《小詩磨坊》（泰國、新加坡、大馬、蘭陽）主編、中華民國筆會理事等。二〇〇八年擔任香港大學首任駐校作家。

繪者簡介

林純純，貓科，雙子座。插畫類別廣泛，有報章雜誌、兒童期刊、少年小說、圖畫書等。書籍創作之外，也嘗試飾品創作、為天母隱山區創意街區活動畫明信片。近期的圖畫書著作有《是誰偷走了月亮》、《我是冠軍蟋蟀》、《我是奇異的水果》、《棕簑貓阿獴》、《飛翔在夜裡的小燈籠》，少年小說插畫繪圖《大龍燈vs.小星燈》。曾獲兩屆臺灣省教育廳插畫金書獎，圖畫書作品三度入選好書大家讀。畫作曾參加臺中國美館百年插畫展、國立圖書館聯展、臺東師範學院（現為臺東大學）新書發表插畫展等。裝置藝術展覽紀錄有：SOCA藝術空間「限、無限」展——參展作品「心」；現代啟示錄閒置空間裝置藝術「基本教義」展——參展作品「手」；太平洋文教基金會藝廊文件展；太平洋文教基金會藝廊裝置藝術「身上衣」展——參展作品「ㄍㄧㄥ」。

目錄

什麼都留下了

天都大亮了之後

一天的開始

我住在山上，我的鄰居
有幾種不同的鳥類；每天清晨
牠們都輪流鳴叫——
誰也不搶誰的光采。

大約四點多一點點，

跟我一樣早起的綠繡眼；叫聲會跳

細小細小

怕嚇跑早起的蟲兒？

接著，一種急促的催叫聲：

「弟子規！弟子規！弟子規……」

像在督促誰？

——一定有人賴床啦！

再來，就是白頭翁、五色鳥、喜鵲、斑鳩……
那已是天都大亮了之後，
我也已經完成了
寫一首詩的工作。

格雷陸方蟹，早安——一位新朋友

清晨，我有健行的習慣
幽靜的龜尾湖呀
我再愛睏也得早起繞你一圈
聽說，格雷陸方蟹將軍
就住在你美麗的湖畔

格雷陸方蟹，他是喜歡穿著
紫色盔甲的，又多喜歡夜間出遊
我得趁他還有遊興之前

小魯

臺北市（106）安居街六號十二樓
電話：02-27320708　傳真：02-27327455　E-mail：service@tienwei.com.tw
小魯閱讀網：www.tienwei.com.tw
小魯粉絲團：www.facebook.com/tienwei27320708
ＹＡ文學評臺：www.facebook.com/tienweiya

天衛文化／小魯文化　收

廣告回信
北區郵政管理局登記證
北臺字3786號
免貼郵票

姓名：
地址：
市　鄉鎮
縣　市區□□□□□
路（街）　段　巷　弄　號　樓

2013.11

親愛的讀者：

感謝您購買小魯所出版的叢書，為擴大服務，只要您填妥本回函卡寄回，即可成為「小魯讀友」一員，擁有小魯讀友會員編號，並享有以下優惠：

❶優先參加小魯舉辦的親子座談、演講及讀書會等各項活動。

❷不定期獲贈小魯最新圖書資料。

◎請費心填寫，您的建議就是我們進步的動力，您也可以選擇進入「小魯閱讀網」加入會員，同樣享有以上優惠。小魯閱讀網：www.tienwei.com.tw

天衛文化／小魯文化 讀友回函卡

★必填

★購買書名：______

★姓名：______ 性別：☐男 ☐女

出生日期：______年______月______日

★聯絡電話：______

★地址：______

★E-mail：（請務必填寫，您將收到小魯最新圖書深度報導、購書優惠及活動資料）

______

★職業：☐學生，就讀學校______

☐教師，目前任教學校______

☐其他______

★家中小孩數：______ 小孩年齡：______

讀過這本書後，我覺得：☐非常好看 ☐很好看 ☐好看 ☐普通

我覺得本書的價格：☐合理 ☐偏高 ☐希望價格______

我是在什麼地方知道這本書的？ ☐書店 ☐廣播節目 ☐報章雜誌

☐親友、老師推薦 ☐電子報（電子報名稱）______ ☐小魯閱讀網

☐Facebook小魯粉絲團 ☐小魯讀友雜誌 ☐其他：______

我是在什麼地方買到這本書的？

☐書店______ ☐其他：______

我希望天衛／小魯出版哪一種主題的叢書：

______

我對天衛／小魯文化的建議是：

______

______

去拜訪他
向他道早安
沒事先約好的，
我是否會有這份榮幸

在他路過的地方，和他邂逅；
我是慕名的，只想看看他
這位帥氣的大將軍

我儘量放低我的腳步，並已繞湖半圈
向來，我是有些幸運的；
正想著的時候，就在安山岩的臺階上
格雷陸方蟹將軍，和我
不期而遇了

早安，大將軍早安

早安，大詩人早安

春天，孵出一群夢的仙子來

霧，掉下來
雲，掉下來
天空，掉下來
時間，掉下來

（我彎著腰，趴在地上
尋找它們的影子……）

風在笑，笑出聲音來
草在笑，笑出小手來
花在笑，笑出芬芳來
樹在笑，笑出翠綠來
鳥在笑，笑出銀鈴來
（我也在笑；笑出春天的被窩裡
孵出一群夢的仙子來……）

春天，燕子們在編織時間之網

春天，燕子們是忙碌的
牠們在編織時間之網
我看見，從早到晚
牠們都是忙碌著；

燕子們，是忙碌的
在老農休耕的稻田上，忙碌著
小菊花們踮著腳尖兒
引頸張望牠們，也張望著
暖和的太陽
我佇足，也張望著牠們
燕子們，低低的飛

牠們穿過時間的經緯，
穿越空間的高低；
不是一隻兩隻，牠們是
一個大家族
有爺爺奶奶，爸爸媽媽
有叔叔伯伯，姑姑阿姨
有外公外婆，舅舅舅媽
有親戚朋友；同學們也來支援
牠們是忙碌的

燕子們，的確是忙碌的
牠們總動員；
你一針我一針
你一線我一線
不停的編織著，穿越時間的經緯
穿越空間的高低，密密麻麻
編織著
始終看不見的
網，我看見——
牠們要送給春天

夢的眼睛

夢也有眼睛嗎？
有！我說有就是有；
她有很多小小的眼睛……

滿天星的小花，
蟛蜞菊的小花，
酢漿草的小花，
毋忘我的小花，

螢火蟲的小花，
都是夢的眼睛；小小的
喜歡藏在孩子們的夢裡。

夢的眼睛，是不用睡覺的；
在秋天的晚上，
她們都在夢裡。

在夢裡的夢的眼睛，
都愛和愛作夢的小孩
眨眼睛，眨眼睛……

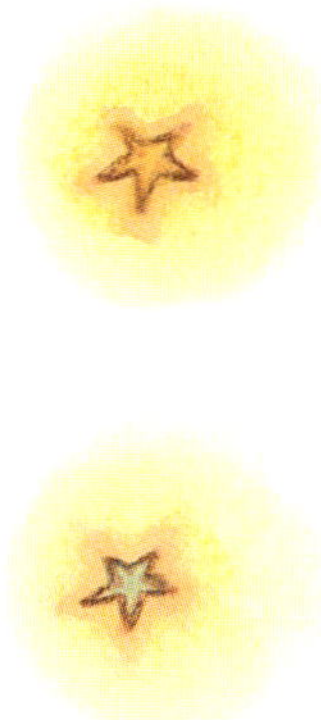

嘩啦啦，嘩啦啦

綠色的隊伍

秧苗喜歡在稻田裡排隊
喜歡整齊畫一
農夫插秧就倒著走
幫他們一行一行對整齊

整齊畫一的秧苗
長得特別快
在春天的陽光下
在春風的吹拂中
在農夫的汗珠裡
變成綠色的隊伍
迎接夏日的金黃

海浪

海，養著千萬匹
駿馬；白色駿馬
每一秒鐘
都跟著海浪奔跑，
衝向沙灘，變成聲音
嘩啦啦，嘩啦啦……

嘩啦啦，嘩啦啦……
白色的駿馬，
從天上回到海上
又奔向沙灘——
不停的奔跑，
奔跑

嘩啦啦，嘩啦啦……

白色的駿馬，一匹比一匹

高大；一匹比一匹

雄壯；一匹比一匹

昂揚

每一秒鐘

都跟著海浪，

賽跑！

我喜歡和海浪玩耍

我是一隻小小螃蟹，
我喜歡和海浪玩耍；
他們愛整潔，喜歡把沙灘抹平
一遍又一遍，他們說：
沙灘太髒亂了……

我是一隻小小螃蟹，
我喜歡用腳在沙灘上寫詩，
但海浪說，我寫得不好；
我說，我可以寫得很快
天天練習，就會有進步。
不過，還是他們比較厲害
我每寫完一首，
他們就馬上把我的詩抹掉！

我是一隻小小螃蟹，
天天在沙灘上寫詩，
一天可以完成幾千首；
海浪喜歡和我玩耍，
我寫越多，他們就抹得越快！
他們跟我說抱歉；
我說：沒有關係
我還會繼續寫，
直到你們喜歡為止……

鳥和海

鳥向海借來波浪，
海也向鳥借來翅膀；
鳥有了波浪，
就隨著海洋升降；
海有了翅膀，
也學會了飛翔。

鳥不停的鼓動著波浪，
海也不停的鼓動著翅膀；
從此，鳥和海永遠在一起
不停的飛翔……

山裡的夜和愛呱呱叫的青蛙

天才剛剛暗下來，
青蛙們就開始緊張的叫個不停；
一隻特別神經質的青蛙
驚叫了一聲——
其他的青蛙就緊跟著牠，
呱呱呱，叫了起來！

（牠們要合力把夜吵醒嗎？）

山裡的夜，
是很容易睡著的
她有很深很長的睡眠；
要到第二天，海先醒來了
平原也醒來了

太陽都曬歪了紅屁股，
她才會慢慢慢慢的
醒過來……

什麼都留下了

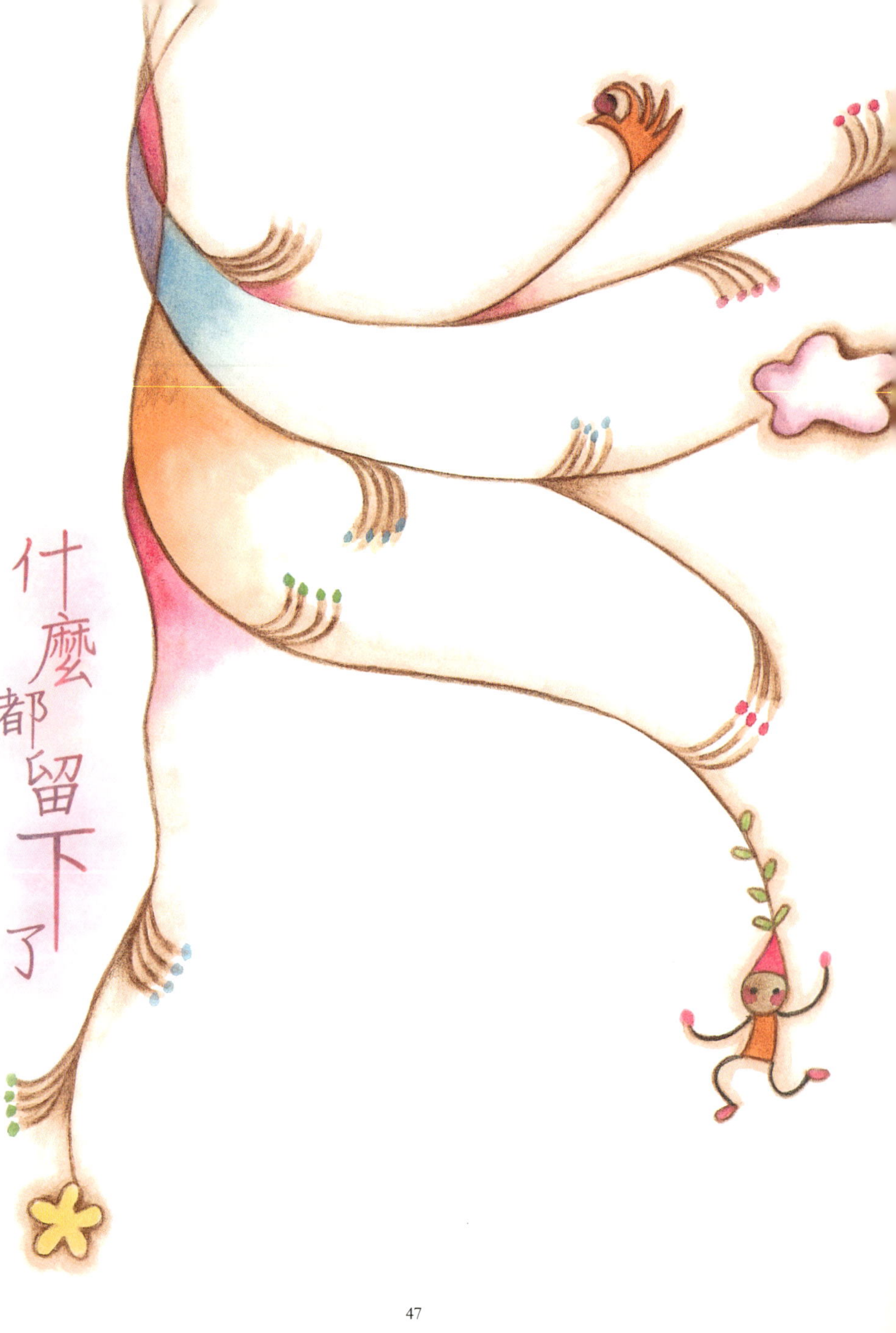

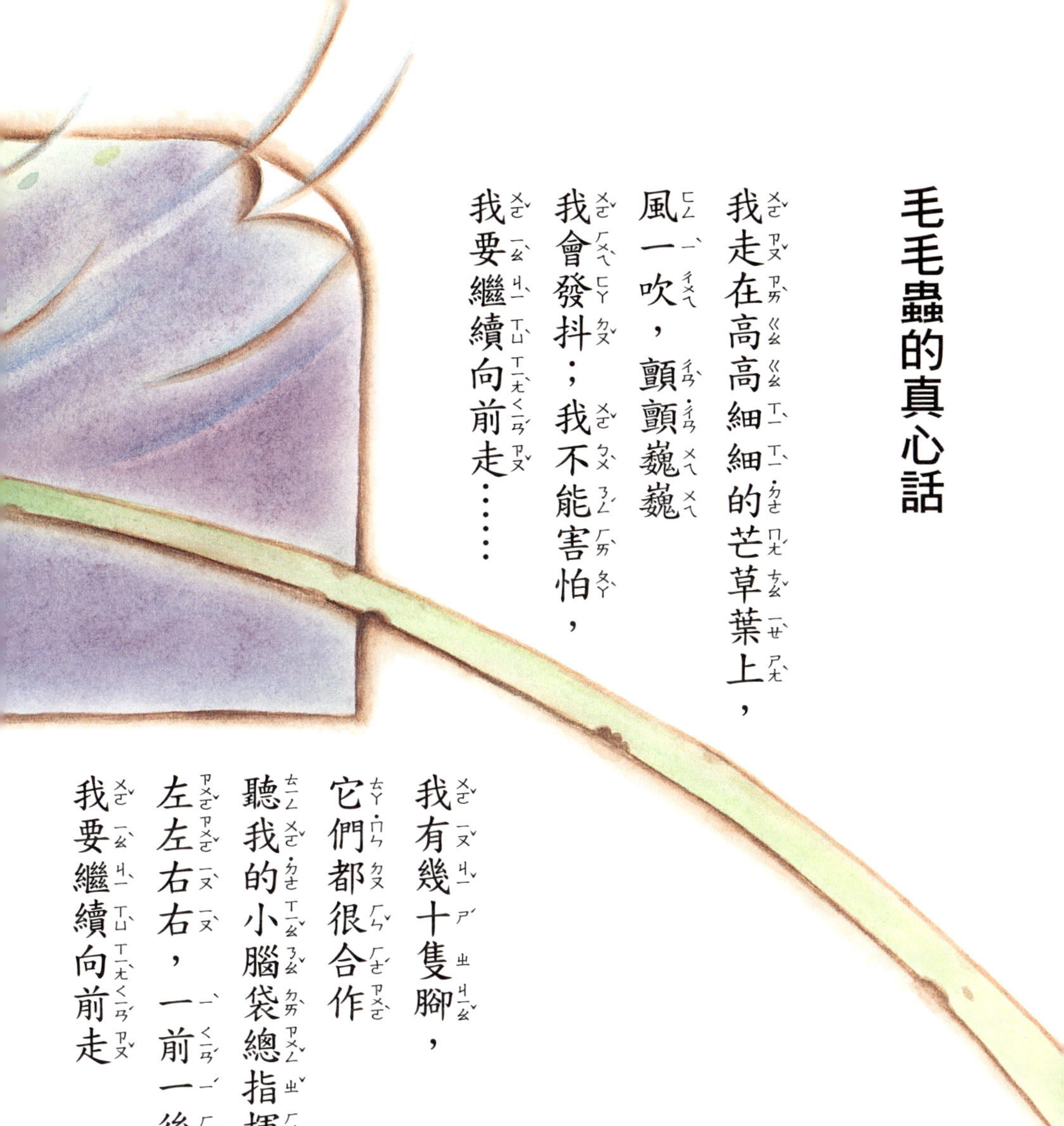

毛毛蟲的真心話

我走在高高細細的芒草葉上，
風一吹，顫顫巍巍
我會發抖；我不能害怕，
我要繼續向前走……

我有幾十隻腳，
它們都很合作
聽我的小腦袋總指揮；
左左右右，一前一後……
我要繼續向前走

風，越吹越大

芒草越搖越厲害；

我的小腦袋短路了！

我該怎麼辦？天地要怎麼辦？

我要繼續向前走……

心中的小精靈

種花，不只是為了欣賞
我更想知道——
從我心裡到我手上
能在大地呈現多少
生命的光芒？

我種的花，有的活了
有的枯萎；
有的，也死了！
活的，有些開花
有的，只長葉子
我都一樣，愛護她們啊！

我愛護她們，也天天去看她們
跟她們講講話；
我跟她們講什麼話？
我跟她們講心裡的話，
我不願意讓別人知道的
也都會悄悄的告訴她們——

我種花，我知道
生命會發光；我也想知道
我的生命
會不會發光？

我種我自己

我給自己機會；
我是一粒種子，
我也不僅是一粒——
我是一棵樹；
我種我自己。

我種我自己，
我萌芽，我扎根，我長大；
我茁壯，我開花，我結果；
我給自己機會。

我給自己機會；
我有機會深入泥土，
我也有機會展向蒼穹
我種我自己。

我種我自己；
我不怕風，不怕雨，也不怕太陽；
我不怕生，不怕死，也不怕變成灰；
我給自己機會。

我給自己機會，
我種我自己；
我種我自己，
我頂天立地。

我喜歡的一群羊

它們不是動物，正確的說法是屬於植物；它們有一個土土的名字，叫羊蹄甲。

一群喜歡爬樹的羊

春天來過
夏天來過
秋天來過
冬天也來過

一年四季都喜歡爬樹的那群羊
牠們只喜歡在樹上留下綠色的腳印
有了綠色的腳印
就什麼都留下了

我就是喜歡這樣的一群羊

作者序——

什麼都留下了

這本童詩繪本，是我個人期待已久的一本著作，首先我要感謝出版者不計成本、盈虧的投資；其次是責編的用心規畫，很有條理的將內容規畫為三輯，而每一輯都抓住了一個很有意義的主題；再其次是永遠青春美麗的插畫家，林純純小姐以她精緻的畫作，為我的詩做了最好的詮釋，讓詩和畫都有很大的想像空間，增加讀者更多閱讀、欣賞的樂趣。

「什麼都留下了」是這本童詩集最後一首的一個句子，我在那首詩寫的是我很喜歡的一種植物，它叫羊蹄甲，整年都常綠，尤其那葉子的形狀，真的像羊的蹄印一樣！寫詩時，我很注重形

象語言的捕捉，因為當我年輕時，一開始學習寫詩，就同時學習畫畫；所以我知道形象語言在詩中的重要性，它和音樂性是一樣的，不能偏廢；當然，我也很重視創新求變的精神，甚至認為「詩」即「創新」的同義詞，希望每寫一首都是新的開始。

「什麼都留下了」，我要留下什麼？我寫詩的主要目的，是想在創新與發現真善美時，能和人分享這份喜悅。我衷心希望：不論大小讀者，讀這本童詩繪本時，都能同樣的欣喜；這就是我寫詩五十年來仍孜孜不倦的心願。

國家圖書館出版品預行編目資料

大自然的心聲
林煥彰作；林純純繪；. --初版. --臺北市：小魯文化 2013.05〔民102〕
面； 公分. -- （我自己讀的故事書；19）

ISBN 978-986-211-368-4（精裝）

859.8 102003734

我自己讀的故事書 19

大自然的心聲

作 者 林煥彰
繪 者 林純純
發行人 陳衛平
執行長 沙永玲
出版者 小魯文化事業股份有限公司
106臺北市安居街六號十二樓
電話：(02)27320708
傳真：(02)27327455
E-mail：service@tienwei.com.tw
網址：www.tienwei.com.tw
facebook粉絲頁：小魯粉絲俱樂部
郵政劃撥：18696791帳號
出版登記證：局版北市業字第543號
初 版 西元2013年5月
初版二刷西元2017年5月
定 價 新臺幣250元